BRUNO CARBONNET

CHRISTOPHE CUZIN

Carré d'Art

Musée d'art contemporain de Nîmes

BRUNO CARBONNET

ciels

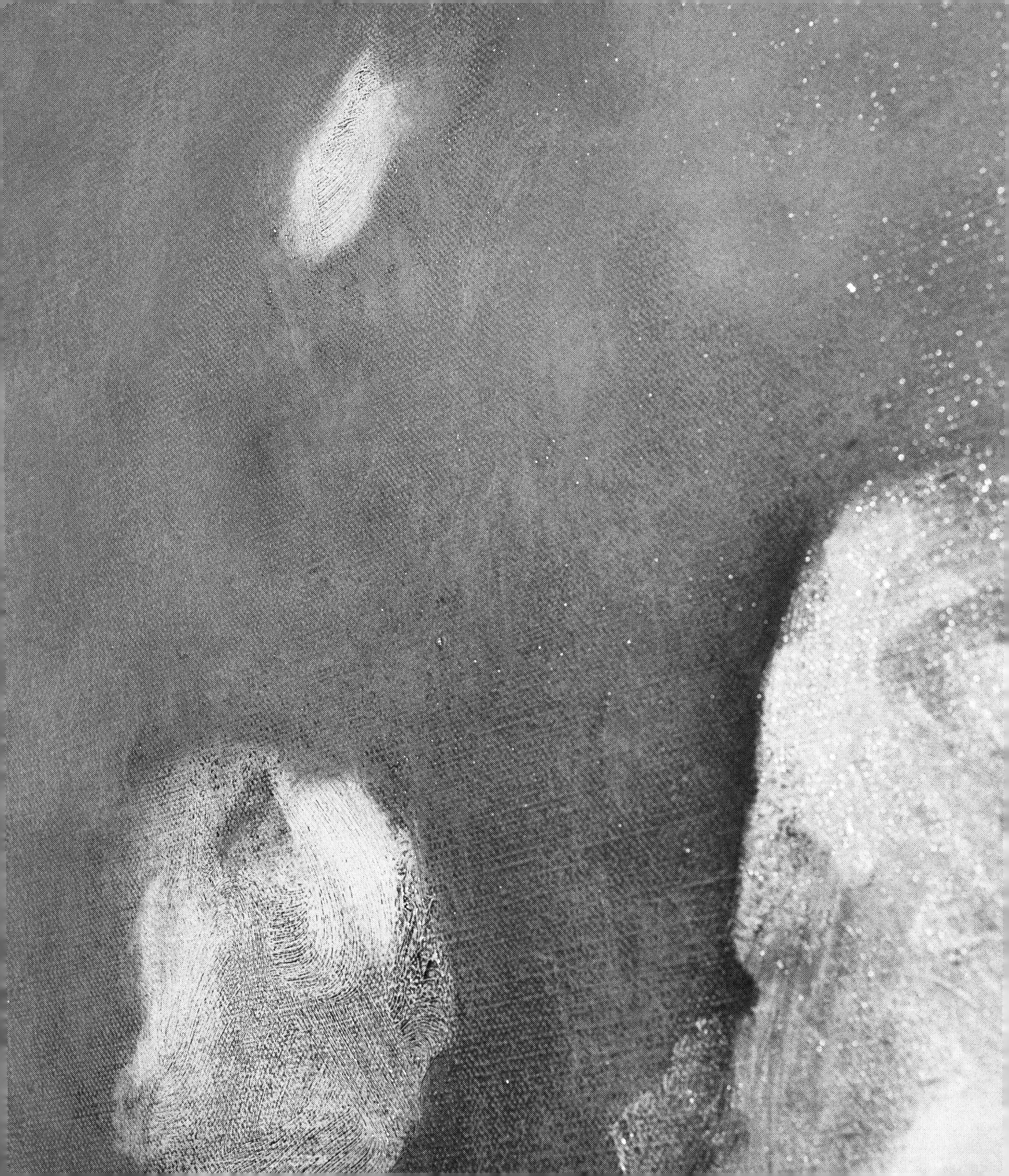

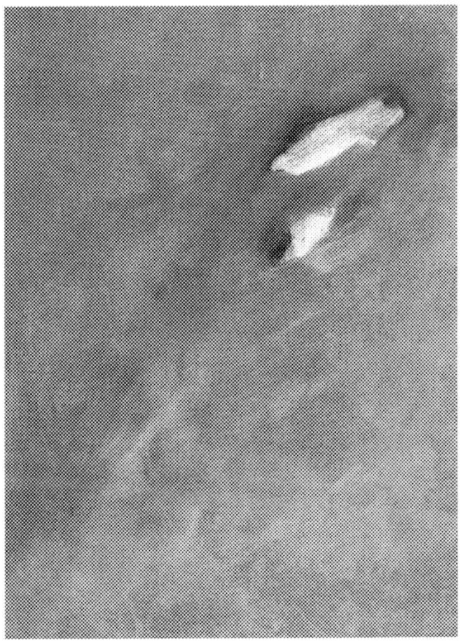
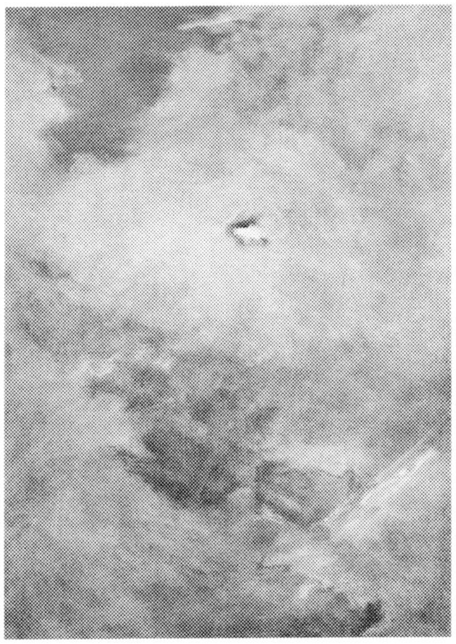

LISTE DES ŒUVRES EXPOSÉES

Sans titre, 1987
huile sur toile
61 x 50 cm
Collection du FRAC
Champagne-Ardenne, Reims

Sans titre, 1987
huile sur toile
61 x 50 cm
Collection du FRAC
Champagne-Ardenne, Reims

Sans titre, 1987
huile sur toile
61 x 50 cm
Collection du FRAC
Champagne-Ardenne, Reims

Sans titre, 1987
huile sur toile
61 x 50 cm
Collection du FRAC
Champagne-Ardenne, Reims

Maison, 1987
huile sur toile
92 x 73 cm
Collection de l'artiste

Maison, 1987
huile sur toile
92 x 73 cm
Collection de l'artiste

Maison, 1987
huile sur toile
92 x 73 cm
Collection de l'artiste

Maison, 1988
dessin et huile sur papier
65 x 50 cm
Collection particulière, Paris

Maison, 1988
dessin et huile sur papier
65 x 50 cm
Collection particulière, Paris

Maison, 1988
dessin et huile sur papier
65 x 50 cm
Collection particulière, Paris

Maison, 1988
dessin et huile sur papier
65 x 50 cm
Collection particulière, Paris

Maison, 1988
huile sur toile
81 x 65 cm
Collection particulière, Paris

Maison, 1988
huile sur toile
54,7 x 49 cm
Collection particulière, Paris

Maison, 1988
huile sur toile
78,7 x 63,7 cm
Collection Shearman & Sterling, Paris

Maison, 1988
huile sur toile
78,7 x 63,7 cm
Collection Shearman & Sterling, Paris

Maison, 1988
huile sur toile
78,7 x 63,7 cm
Collection Shearman & Sterling, Paris

Maison, 1988
huile sur toile
78,7 x 63,7 cm
Collection Shearman & Sterling, Paris

Maison, 1988
huile sur toile
61 x 50 cm
Collection particulière, Paris

Maison, 1988
huile sur toile
65 x 53 cm
Collection particulière, Paris

Maison, 1989
huile sur toile
64 x 79 cm
Collection de l'artiste

Maison, 1989
huile sur toile
64 x 79 cm
Collection de l'artiste

Maison, 1989
huile sur toile
64 x 79 cm
Collection de l'artiste

Maison, 1989
huile sur toile
64 x 79 cm
Collection de l'artiste

Maison, 1989
huile sur toile
64 x 79 cm
Collection de l'artiste

Maison, 1989
huile sur toile
64 x 79 cm
Collection de l'artiste

Maison, 1989
huile sur toile
65 x 54 cm
Collection de l'artiste

Maison, 1989
huile sur toile
65 x 54 cm
Collection de l'artiste

Maison, 1989
huile sur toile
65 x 54 cm
Collection de l'artiste

Maison, 1989
huile sur toile
65 x 54 cm
Collection de l'artiste

Maison, 1989
huile sur toile
65 x 54 cm
Collection de l'artiste

Quelque chose de confus, 1989
Linoléum gravé et peint collé sur châssis en bois
32 x 24 cm
Collection du F.R.A.C.
Languedoc-Roussillon, Montpellier

Vrai, 1989
huile sur toile
35 x 26,5 cm
Collection particulière, Paris

Objet, 1990
huile sur toile
180 x 162 cm
Collection du F.R.A.C.
Languedoc-Roussillon, Montpellier

Encore un effort, 1990
huile sur toile
195 x 161,5 cm
Fonds national
d'art contemporain, Paris

Zones, 1991
huile sur toile
35 x 27 cm
Collection du F.R.A.C.
Languedoc-Roussillon, Montpellier

Body Trap, 1991
huile sur toile
36,5 x 22,5 cm
Collection particulière, Paris

Body Trap, 1991
huile sur toile
36,5 x 22,5 cm
Collection particulière, Paris

Palette, 1991
huile sur toile
38 x 61 cm
Collection de l'artiste

Linge, 1992
linogravure, peinture, papier marouflé sur bois
108 x 75,5 cm
Collection du Fonds Régional d'Art Contemporain Ile-de-France, Paris

Linge, 1992
linogravure, peinture, papier marouflé sur bois
108 x 75,5 cm
Collection du Fonds Régional d'Art Contemporain Ile-de-France, Paris

Linge, 1992
linogravure, peinture, papier marouflé sur bois
108 x 75,5 cm
Collection du Fonds Régional d'Art Contemporain Ile-de-France, Paris

Orient, 1993
huile sur toile
73 x 42 cm
Collection particulière, Paris

Jonquille, 1993
huile sur toile
101 x 15,5 cm
Collection de l'artiste

Fleur, 1993
huile sur toile
99,7 x 45,7 cm
Collection particulière, Paris

Fleur, 1993
huile sur toile
108 x 51 cm
Collection particulière, Compiègne

Body Trap, 1991-1994
huile sur toile
37 x 23 cm
Collection de l'artiste

Body Trap, 1991-1994
huile sur toile
37 x 23 cm
Collection de l'artiste

Body Trap, 1991-1994
huile sur toile
37 x 23 cm
Collection de l'artiste

Body Trap, 1991-1994
huile sur toile
37 x 23 cm
Collection de l'artiste

Body Trap, 1991-1994
huile sur toile
37 x 23 cm
Collection de l'artiste

Body Trap, 1991-1994
huile sur toile
37 x 23 cm
Collection de l'artiste

Body Trap, 1991-1994
huile sur toile
37 x 23 cm
Collection de l'artiste

Body Trap, 1991-1994
huile sur toile
37 x 23 cm
Collection de l'artiste

Body Trap, 1991-1994
huile sur toile
37 x 23 cm
Collection de l'artiste

Détaché, 1993-1994
huile sur toile
110 x 75 cm
Collection Caroline Smulders, Paris

Masse, 1993-1994
huile sur toile
46 x 60 cm
Collection de l'artiste

Masse, 1993-1994
huile sur toile
70 x 40,5 cm
Collection de l'artiste

Chute des images, 1994
huile sur toile
144 x 86 cm
Collection de l'artiste

Jérusalem céleste, 1994
huile sur toile
260 x 120 cm
Fonds national
d'art contemporain, Paris

Body Trap / Nature, 1996
huile sur toile
36,5 x 22,5 cm
Collection du FRAC Alsace, Selestat

Body Trap / Nature, 1996
huile sur toile
36,5 x 22,5 cm
Collection du FRAC Alsace, Selestat

Body Trap / Nature, 1996
huile sur toile
36,5 x 22,5 cm
Collection du FRAC Alsace, Selestat

Body Trap / Nature, 1996
huile sur toile
36,5 x 22,5 cm
Collection du FRAC Alsace, Selestat

Tournesol, 1998
huile sur toile
182,5 x 106 cm
Collection particulière, Ajaccio

Tournesol, 1998
huile sur toile
182,5x 106 cm
Collection particulière, Paris

Tournesol, 1998
huile sur toile
182,5 x 106 cm
Collection de l'artiste

Tournesol, 1998
huile sur toile
182,5 x 106 cm
Collection de l'artiste

Tournesol, 1998
huile sur toile
182,5 x 106 cm
Collection de l'artiste

Tournesol, 1998
huile sur toile
182,5 x 106 cm
Collection de l'artiste

Tournesol, 1998
huile sur toile
182,5 x 106 cm
Collection de l'artiste

Fleur 5, 1998
huile sur toile
182 x 106 cm
Fonds national d'art
contemporain, Paris

Ciel, 2000
huile sur toile
44 x 32 cm
Collection du F.R.A.C.
Haute-Normandie, Sotteville-lès-
Rouen

Ciel, 2000
huile sur toile
44 x 32 cm
Collection du F.R.A.C. Haute-
Normandie, Sotteville-lès-Rouen

Ciel, 2000
huile sur toile
44 x 32 cm
Collection du F.R.A.C. Haute-
Normandie, Sotteville-lès-Rouen

Ciel, 2000
huile sur toile
44 x 32 cm
Collection du F.R.A.C. Haute-
Normandie, Sotteville-lès-Rouen

Ciel, 2000
huile sur toile
44 x 32 cm
Collection du F.R.A.C. Haute-
Normandie, Sotteville-lès-Rouen

Ciel, 2000
huile sur toile
44 x 32 cm
Collection du F.R.A.C. Haute-
Normandie, Sotteville-lès-Rouen

Ciel, 2000
huile sur toile
44 x 32 cm
Collection du F.R.A.C. Haute-
Normandie, Sotteville-lès-Rouen

Ciel, 2000
huile sur toile
44 x 32 cm
Collection du F.R.A.C. Haute-
Normandie, Sotteville-lès-Rouen

Ciel, 2000
huile sur toile
44 x 32 cm
Collection du F.R.A.C. Haute-
Normandie, Sotteville-lès-Rouen

Ciel, 2000
huile sur toile
44 x 32 cm
Collection du F.R.A.C. Haute-
Normandie, Sotteville-lès-
Rouena

Ciel, 2000
huile sur toile
44 x 32 cm
Collection du F.R.A.C. Haute-
Normandie, Sotteville-lès-Rouen

Ciel, 2000
huile sur toile
44 x 32 cm
Collection de l'artiste

Ciel, 2000
huile sur toile
44 x 32 cm
Collection de l'artiste

Ciel, 2000
huile sur toile
44 x 32 cm
Collection de l'artiste

Ciel, 2000
huile sur toile
44 x 32 cm
Collection de l'artiste

Ciel, 2000
huile sur toile
44 x 32 cm
Collection de l'artiste

Ciel, 2000
huile sur toile
44 x 32 cm
Collection de l'artiste

Ciel, 2000
huile sur toile
44 x 32 cm
Collection de l'artiste

Ciel, 2000
huile sur toile
44 x 32 cm
Collection de l'artiste

Ciel, 2000
huile sur toile
44 x 32 cm
Collection de l'artiste

Ciel, 2000
huile sur toile
44 x 32 cm
Collection de l'artiste

Ciel, 2000
huile sur toile
44 x 32 cm
Collection de l'artiste

Ciel, 2000
huile sur toile
44 x 32 cm
Collection de l'artiste

Ciel, 2000
huile sur toile
44 x 32 cm
Collection de l'artiste

Ciel, 2000
huile sur toile
19 x 27 cm
collection particulière, Paris

Ciel, 2000
huile sur toile
19 x 27 cm
collection particulière, Paris

Ciel, 2000
huile sur toile
44 x 32 cm
Collection particulière, Ajaccio

Ciel, 2000-2001
huile sur toile
58 x 42 cm
Collection de l'artiste

Ciel, 2000-2001
huile sur toile
58 x 42 cm
Collection de l'artiste

Ciel, 2000-2001
huile sur toile
58 x 42 cm
Collection de l'artiste

Ciel, 2000-2001
huile sur toile
58 x 42 cm
Collection de l'artiste

Ciel, 2000-2001
huile sur toile
58 x 42 cm
Collection de l'artiste

Ciel, 2000-2001
huile sur toile
58 x 42 cm
Collection de l'artiste

Ciel, 2000-2001
huile sur toile
58 x 42 cm
Collection de l'artiste

Ciel, 2000-2001
huile sur toile
58 x 42 cm
Collection de l'artiste

Ciel, 2000-2001
huile sur toile
58 x 42 cm
Collection de l'artiste

Ciel, 2000-2001
huile sur toile
58 x 42 cm
Collection de l'artiste

Ciel, 2000-2001
huile sur toile
58 x 42 cm
Collection de l'artiste

Ciel, 2000-2001
huile sur toile
58 x 42 cm
Collection de l'artiste

Ciel, 2000-2001
huile sur toile
58 x 42 cm
Collection de l'artiste

Ciel, 2000-2001
huile sur toile
58 x 42 cm
Collection de l'artiste

Ciel, 2000-2001
huile sur toile
58 x 42 cm
Collection de l'artiste

Grand Ciel, 2001
huile sur toile
243 x 152 cm
Collection de l'artiste

Grand Ciel, 2001
huile sur toile
243 x 152 cm
Collection de l'artiste

Grand Ciel, 2001
huile sur toile
243 x 152 cm
Collection de l'artiste

Grand Ciel, 2001
huile sur toile
243 x 152 cm
Collection de l'artiste

Grand Ciel, 2001
huile sur toile
243 x 152 cm
Collection de l'artiste

Grand Ciel, 2001
huile sur toile
243 x 152 cm
Collection de l'artiste

Ciel, 2001
huile sur toile
162 x 106 cm
Collection de l'artiste

Ciel, 2001
huile sur toile
162 x 106 cm
Collection de l'artiste

Ciel, 2001
huile sur toile
162 x 106 cm
Collection de l'artiste

Ciel, 2001
huile sur toile
118 x 86 cm
Collection de l'artiste

Ciel, 2001
huile sur toile
118 x 86 cm
Collection de l'artiste

Ciel, 2001
huile sur toile
118 x 86 cm
Collection de l'artiste

Ciel, 2001
huile sur toile
118 x 86 cm
Collection de l'artiste

Bruno CARBONNET

Né en 1957 à Calais - Vit et travaille à Fécamp

EXPOSITIONS PERSONNELLES

1989 "Rouge, Vert et Noir", Centre national des arts plastiques, Paris (catalogue, textes d'Olivier Cadiot et de Bruno Carbonnet, Block) Laure Genillard Gallery, Londres

1990 Vereniging voor het Museum van Hedendaagse Kunst, Ghent (Association des Amis du Musée de Gand)

1991 "*Body Traps*", Laure Genillard Gallery, Londres

1992 "Mélange optique", Galerie Art Attitude, Nancy (livre d'artiste, éditions Voix Richard Meier, Metz)

1994 "Caractères", Galerie Froment-Putman, Paris
"Caractères", Vera Van Laer Gallery, Knokke-le-Zoute
"Jérusalem céleste", Galerie Saint-Séverin, Association Art, Culture et Foi, Paris

1995 *"Les Astrolabes"*, Église Notre-Dame de l'Assomption, Arques-la-Bataille (catalogue, textes de Jérôme Beau, Oscarine Bosquet, Bruno Carbonnet et Philippe Gautrot)

1996 "Natures", Galerie Art Attitude, Nancy
"buisson ardent", Synagogue de Delme,
Espace d'art contemporain, Delme
"buisson ardent" (mise en dépôt de l'œuvre),
Église des Cordeliers, Nancy (catalogue, texte de Danièle Gutmann et entretien entre Hervé Bize et Bruno Carbonnet)

1998 *"Tournesols"*, Galerie Thaddaeus Ropac, Paris

2000 Abbatiale de Saint-Phibert-de-Grand-Lieu

EXPOSITIONS COLLECTIVES (sélection)

1980 XIème Biennale de Paris, Musée d'Art moderne de la Ville de Paris
(catalogue, texte "Hot lava", p. 88)

1981 "Premier accrochage", Galerie Alain Oudin, Paris

1984 "Les Collections publiques en France" (FRAC Aquitaine, Languedoc-Roussillon, Midi-Pyrénées) Madrid ; Saragosse ; Barcelone (catalogue)
"Lumières et Sons", Château Biron, FRAC Aquitaine

1985 "Aux poteaux de couleur", Musée Albert-Marzelles, Marmande, FRAC Aquitaine

1986 "Ateliers 86", Musée d'Art moderne de la Ville de Paris
(catalogue, texte d'Olivier Cadiot : "Chauffeur ! Sie fahren zu schnell")

1987 *"Traversées"*, Hôpital Saint-Julien de Château-Gontier, FRAC des Pays de Loire
"Continuous Changes", Stevinstraat 184, La Haye
"Du goût et des couleurs", Château Leoville-Barton, Aquitaine
"Ateliers internationaux des Pays de Loire", Abbaye royale de Fontevraud
(catalogue, "Sans commentaire", p. 22-23)
XIXème Biennale de São Paulo, (catalogue, entretien entre Gérard Guyot et Bruno Carbonnet)
"Du goût et des couleurs", Centre national des arts plastiques, Paris

1989 "Territoires", Musée Saint-Denis, Reims, FRAC Champagne-Ardenne
"De la méthode", Galerie Art Attitude, Nancy

1990 "Acquisitions 1988", Fonds national d'art contemporain, Puteaux
"Les Lieux de la couleur, Centre culturel Paul-Dumail, Tonneins, FRAC Aquitaine

1991 "Mouvements x 2", Galeries contemporaines, Centre Georges Pompidou,
Paris (catalogue, texte de Frédéric Valabrègue : "Voyez-vous", p. 18)

1992	"Temporairement locataire", Galerie Art Attitude, Nancy "Accrochage été", Hôpital éphémère, Paris "Troisième génération", sélection française pour l'Exposition universelle de Séville (catalogue, textes d'Olivier Kaeppelin, Catherine Millet, Jean-Hubert Martin, Joëlle Pijaudier et Aline Pujo : "À propos de la situation artistique française") "Les Iconodules", Musée de l'Ancien Évêché, Évreux, FRAC Haute-Normandie (catalogue *Ceci n'est pas une image*, éditions de La Différence, textes de Françoise Cohen, Catherine Grenier et Christine Buci-Glusksmann : "La question de l'image")
1994	"Les Images du plaisir", Château Sainte-Suzanne, Sainte-Suzanne, FRAC des Pays de Loire (catalogue) "L'Âme du Fonds. Peintures du Fonds régional d'art contemporain d'Ile-de-France", Couvent des Cordeliers, Paris, FRAC Ile-de-France (catalogue, texte de Bernard Goy : "Sharp", p. 36)
1995	"Gravures contemporaines", Galerie du cloître de l'École des beaux-arts, Rennes
1997	"Sous le manteau", Galerie Thaddaeus Ropac, Paris (catalogue) "Produire, Créer, Collectionner", Exposition des aides à la production de la Caisse des dépôts et consignations, Musée du Luxembourg, Paris (catalogue, Hazan) "Jeune création", Ministère de la Culture, Paris
1999	*"Le Sacré dans l'art contemporain"*, Halle aux poissons, Perpignan "Nouvelles perspectives", Galerie Art Attitude, Nancy "Peintures n° 2", Alliance française, Rotterdam

BIBLIOGRAPHIE (sélection)

Publication de l'artiste

1996	*Rue Descartes n° 16, Pratiques abstraites, Passage,* Collège international de philosophie/PUF

Monographie

1996	Catherine Strasser : *Bruno Carbonnet* (traduction anglaise par Deke Dusinberre), Hazan

Articles, Textes et Entretiens

1981	Catherine Strasser : "Now Voyager, Éloges du déplacement", *Artistes,* n° 9-10, p. 49 Catherine Strasser : "43 rue la Bruyère", *Flash Art,* n° 102
1982	"Nieuwe Schilderkunst in Frankrijk", *Museum Journal,* Amsterdam, n° 4, p. 202
1985	Laurence Bertrand et Myrielle Hammer : "Entretien avec Bruno Carbonnet", *L'Écrit Voir,* n° 5, p. 60-61
1988	Catherine Bompuis et Bruno Carbonnet : "Acquisitions 88", Fonds national d'art contemporain
1989	Frédéric Valabrègue : "Maisons", *Arte factum,* Anvers, n° 28, p. 33 Oscarine Bosquet : "In French they say 'déjà vu'", *The Journal of Art,* New York, n° 5 Lieven Van den Abeele : "Portrait de Bruno Carbonnet", *Beaux-Arts Magazine,* n° 71, p. 101
1990	Lieven Van den Abeele : "L'Espace entre les balises", *Kunst-Nu 90/I,* Gand Piet Vanrobaeys : "Bruno Carbonnet, Gand", *Arte factum,* Anvers, n° 33, p. 36 Vanina Costa : "Bruno Carbonnet, Gand", *Contemporanea,* Milan, vol.III, n° 5, mai, p. 105 Oscarine Bosquet : "Bruno Carbonnet, le Regard surveillé", *art press,* n° 148, p. 52 Catherine Grout : article dans *El Guia,* numéro spécial *Art contemporain en France*
1992	Guy Tortosa, "Sans commentaire", catalogue *La Collection du FRAC des Pays de Loire*
1996	Entretien avec Hervé Bize : *"Les Énergies de Bruno Carbonnet",* *Art & Aktoer,* hiver
1998	Henri-François Debailleux : "L'Affaire Tournesol", *Libération*

L'ambition de la peinture

Françoise Cohen

L'exposition prend en compte l'architecture moderne de six salles dessinées sur un module de 5 x 7 mètres, disposées en enfilade symétriquement par rapport à un atrium central. L'installation, projet commun aux deux artistes, s'organise autour des notions de couleur, de lumière et s'appuie sur un présupposé : celui d'une présence de l'œuvre qui est le support d'une expérience perceptive, immédiate, vécue dans le lieu même et n'ayant pour support que l'œuvre seule.

De l'expérience moderne, en effet, Bruno Carbonnet et Christophe Cuzin conserve la croyance en une vérité de l'œuvre qui légitime son exposition. Quelle qu'en soit la formulation, l'histoire de la peinture depuis le milieu du XIXe siècle, se raconte habituellement comme une suite de séquences où le traitement pictural prend le pas sur le sujet. L'invention de l'abstraction en 1910 porte à l'évidence l'affirmation d'une autonomie de l'œuvre qui ne trouve de références et de légitimation qu'en elle-même, encore que la justification par le symbolisme des couleurs pour Kandinsky, ou par un "hors-champ" spirituel pour Mondrian ou Malevitch accompagne les premières décennies de l'abstraction. Le monochrome, après la Seconde Guerre mondiale, affirme la peinture comme un fait brut devant lequel s'efface l'analyse des relations complexes internes à l'œuvre, par exemple entre le format, le dessin, la touche... mais que peut accompagner, comme l'abstraction en général, une quête de sens extérieur à celle-ci.

Bruno Carbonnet et Christophe Cuzin partent, tous deux, d'un constat, celui de la surface peinte. Nous ne sommes pas très loin alors de la *tabula rasa* du modernisme si ce n'est que les deux artistes, loin de créer à partir de ce constat une posture artistique qui fait style et perdure, les maisons pour Bruno Carbonnet, les tableaux pour Christophe Cuzin, en appellent à des expériences extérieures à cette peinture et font intervenir pour l'un le symbolisme de l'image et la peinture classique, pour l'autre l'expérience de l'artisan peintre pour infléchir ce cours prévisible.

L'autonomie du tableau est clairement niée par Christophe Cuzin quand, dans le cadre de la commande réalisée pour le Réfectoire de la Mairie de Caen en 2000, il transforme les tableaux peints précédemment, en tapis qui couvrent toute la surface du sol. Les tableaux sont alors désignés comme des variations à partir d'un principe créatif unique. Le choix d'une technique d'art décoratif, domaine traditionnellement considéré comme soumis aux contingences extérieures imposées par la commande telles les dimensions, l'harmonie des couleurs... ravale la forme au niveau de motif.

Bruno Carbonnet et Christophe Cuzin sont des exacts contemporains : l'un est né en 1957, l'autre en 1956. Ils commencent à peindre au début des années 80. Une vingtaine d'années de peinture, donc, dont le déroulement s'articule différemment coupé chez Christophe Cuzin par l'abandon du tableau autonome en 1990, date à partir de laquelle toutes ses interventions sont déduites de l'architecture du lieu de présentation, tandis que le travail de Bruno Carbonnet se développe comme une suite de séries : les *Maisons*, les coupes, les *Body Traps*, les objets, les tournesols, les ciels. La rupture existe aussi chez Carbonnet. Elle correspond à un voyage en Inde de trois mois en 1992-1993 où l'éloignement géographique, loin du monde de l'art, joue comme une incitation à accepter la représentation mimétique dans l'œuvre. Celle-ci ne semble pourtant pas l'un des véritables enjeux de sa réalisation, mais rend le contact du public à la peinture plus direct et renforce son efficacité.

À l'occasion de commandes, Bruno Carbonnet et Christophe Cuzin ont expérimenté, tous deux, la confrontation de l'œuvre à un code extérieur dont la précision n'isole cependant pas ces réalisations du reste du travail : illustration du texte de la Jérusalem céleste du *Livre de L'Apocalypse* (1995) pour Bruno Carbonnet, mise en couleur de l'église de Lognes (2000) pour Christophe Cuzin, où les formes qui scandent les vitraux suivent précisément le dogme, mais aussi participation en 1992 au programme des nouveaux commanditaires bâti autour de la rencontre régulière de l'artiste (Carbonnet) avec une personne en cure de désintoxication. Le but du travail, alors, n'est pas tant la réalisation d'une œuvre que la vérification de sa capacité à transcrire. La peinture se définit pour l'un comme pour l'autre, dans cette volonté à créer une situation signifiante, exprimée dans le silence qu'évoque Cuzin au sujet de sa commande de Lognes, dans la liberté laissée à la couleur choisie subjectivement, ou dans la reconnaissance que, même cachée, il peut se trouver une sorte d'expression et d'engagement personnel dans la réalisation d'un aplat parfait. Ce peut être, aussi, le pari qu'il y a pour Carbonnet à adopter une iconographie semble-t-il dépassée, celle des ciels, prise entre la matérialité du passage atmosphérique et une spiritualité diffuse. D'autres artistes se sont appropriés une iconographie proche : nuages de Gerhard Richter, océans, ciels étoilés de Vija Celmins, ou de Thomas Ruff. À l'exception peut-être des déserts de Miguel Barcelo, ces œuvres renvoient à des images (photographies de presse, publicités) plus qu'à un espace. Rien, dans les ciels de Carbonnet, ne se propose comme l'une des alternatives dans le dialogue de l'image "artistique" à son double trivial. Ils établissent une rupture où le spectateur se confronte seul au tableau, une dualité renforcée par le format choisi pour ces peintures hautes et verticales en écho à la stature humaine.

L'expérience de la peinture à laquelle nous convient les installations de Christophe Cuzin est différente. Le spectateur n'est pas dans une lecture frontale de la peinture. Il entre au cœur d'un dispositif qui engage la totalité de l'espace environnant et, en réponse à ses contraintes, remodèle un lieu selon une énergie nouvelle dont la lumière est le principal vecteur. Que Cuzin obture les fenêtres de la galerie ne laissant qu'un jour périphérique lors de "Contre-jour", sa première installation chez Bernard Jordan en 1990 ou qu'il sature l'espace de volumes en E colorés dont les murs de la galerie reflètent les couleurs.

L'abstraction a ouvert un nouveau chapitre des relations de la peinture et de l'architecture, qu'elle signât ou non la disparition de la toile comme le commandait le néoplasticisme de Mondrian faisant de la peinture une architecture en deux dimensions. Si elle n'existe plus en tant qu'objet autonome, chez Cuzin la peinture, lecture de l'espace et des caractéristiques du lieu d'exposition, n'abandonne rien de son altérité par rapport à l'architecture. Bien qu'elle partage avec l'installation née dans les années 70, son impermanence et sa dépendance à l'égard du lieu, loin de la fragmentation de nombreuses installations contemporaines, elle conserve l'unité du tableau et sa propriété principale de surface : recouvrir un support d'un champ coloré. Même lorsqu'elle commente directement l'architecture, par exemple quand il double chacun des murs de la galerie Jordan de sa réduction de 20,6%, l'intervention de Christophe Cuzin est toujours de l'ordre de la peinture. Déduite de l'architecture et de ses "défauts" : plinthes, interrupteurs... ou scansions des fenêtres, elle propose une forme abstraite qui transforme le lieu en un espace autre, de pure appréciation sensitive, où la couleur l'emporte sur la structure et où se côtoient la géométrie et le flou de la lumière ou du "mal fait", l'architecture elle-même et son redoublement dessiné au cordeau traceur.

La multiplication des images au sein du quotidien, mais également la reconnaissance de la photographie et de la vidéo comme médiums artistiques à partir des années 70 sous la forme "pauvre" du compte-rendu de l'action (land art, body art, art conceptuel) ou en grands tirages cibachromes aux formats proches de la peinture à partir des années 80 mettent le "sujet", l'iconographie à l'épreuve de procédures de collage, de mise en scène, de réemploi sous une forme proche du ready made.
Tel est l'un des extrêmes contre lesquels bute toute production peinte au sein d'un parcours individuel que rien ne peut plus désigner comme appartenant à un quelconque mouvement, et dont la légitimité ressortit à la seule démarche de l'artiste et à la réalité même de l'œuvre. Peinture semble-t-il "figurative", la peinture de Bruno Carbonnet s'ordonne autour de la notion d'image et d'objet. L'une de ses premières œuvres réalisées en 1980 43, *rue La Bruyère* met en scène le dispositif qui permet d'opérer la transformation du réel, ici le corps féminin d'après le *Dessinateur à la femme couchée*, 1528 de Dürer en une image selon le système de la perspective. La série des maisons utilise une image simple, presque un pictogramme du cube de la maison vue en perspective. Les séries suivantes, si on excepte les coupes et les body traps, interrogent directement le réel. La longue recherche menée sur l'objet énigmatique de 1989 à 1993 a deux phases : celle des coupes basées sur l'ambiguïeté entre plein et vide, volume et retrait au travers de formes presque géométriques, dans une ligne "claire" (comme en bande dessinée) qui met en avant une fausse innocence de la peinture, alors que la deuxième, une phase "sale", répondrait à l'envie de récupérer l'épaisseur et fait passer la peinture de l'interrogation sur la représentation à sa revendication comme un corps faisant face au spectateur. S'opère alors un changement dans la gamme colorée, dans l'origine de l'image créée à partir de détails anatomiques et dans le choix des outils

avec le retour au pinceau qui induit une superposition des couches et la constitution d'un épiderme coloré construit avec les fragments que sont les touches. Le voyage en Inde restaure une relation à l'objet, porteur de signification allégorique, mais qui redonne plus encore à la peinture sa place d'équivalent au réel, une vraie recherche de réalisme, non dans une similitude aux apparences extérieures, mais dans la captation des influx d'énergie qui font la vie même.
Tout au long de son histoire, l'une des tentations de la peinture, art visuel, a été de rendre la sensation tactile dans le traitement illusionniste des matières et ce, dès l'origine de la peinture à l'huile, avec l'alternative proposée par les frères Van Eyck et les écoles du Nord à la peinture italienne. La peinture met en scène le dialogue de la main et de l'outil, ce que traduit l'intérêt de Cuzin pour le rouleau ou la procédure mise au point par Carbonnet dans la série des *Maisons*. Cette première recherche qui s'appuie sur une image générique répond à des règles strictes de réalisation : que l'œuvre soit peinte en un jour. La couleur posée au doigt sur la maison elle-même se mélange avec le champ coloré peint au rouleau, créant une irradiation de la couleur dont l'effet spatial anéantit la profondeur géométrique née du tracé. Une stratégie de recouvrement où le toucher remplace la touche. À partir de 1993, Carbonnet représente des objets, masse, couteau, fleurs que l'on peut prendre en main, à un moment où par le mouvement et le toucher du pinceau se transmet une énergie. Le "mal peint" expérimenté pour la première fois par Cuzin à la Vigie de Nîmes laisse apparaître un geste qui, effacé dans l'aplat, est remplacé par la densité de la couleur.

Pour Christophe Cuzin, tout projet se matérialise en trois phases : graphiques du lieu et descriptif de l'intervention, réalisation, graphiques de l'intervention réalisée. La description du projet est la vérification ultime non de sa faisabilité matérielle mais de ce qu'il pourra être reçu, perçu par le spectateur. Contenant ce qui correspondrait au travail de l'atelier, il en prépare la visibilité. Il a en cela un rôle identique à l'image dans le tableau de Carbonnet, qui, à partir de 1992, tout en supportant parfois une signification allégorique (*Jérusalem céleste*), accélère la présence d'une œuvre dont la représentation mimétique n'est pas le but. Le retour à une image figurée immédiatement reconnaissable ne témoigne pas seulement de l'éloignement de l'artiste de l'avant-garde. Elle est au cœur d'un travail par touches et couches successives dont peuvent témoigner les photographies prises en cours de réalisation. Alors que les *Maisons* mais plus encore les *Body Traps* s'élaborent à partir d'une image énigmatique, difficile, la redécouverte d'une lisibilité immédiate de l'objet en 1993, comme le descriptif inhérent à l'intervention de Christophe Cuzin, anticipe le processus d'exposition et signe l'existence de l'œuvre.

Depuis 1996, Bruno Carbonnet peint des ciels, image qui approche le monochrome. Dans son essai *La Peinture monochrome, Histoire et archéologie d'un genre*, Denys Riout prenant exemple sur les nombreuses caricatures du Salon publiées dans la presse satirique des vingt dernières années du XIXe siècle, souligne la fréquence de paysages incomplets, "mal cadrés" où seule une partie du ciel apparaît, comme l'une des préfigurations de l'abstraction. L'humour du commentaire de l'époque tient dans le contraste entre la perception de la maladresse de l'artiste par le public et un choix délibéré de celui-ci jugé alors comme aberrant. Ce faisant, il met en évidence le caractère "limite" d'un motif susceptible de porter toute interrogation sur l'apparition de l'image. De tout temps, qu'il évoque le religieux ou une réalité atmosphérique, le ciel apparaît dans le tableau comme une mesure de l'espace symbolique ou réel. C'est autour de sa présence que s'organise une alternative à la perspective géométrique : la perspective aérienne. Le paysage se construit autour de la hauteur de l'horizon. La série des ciels renoue avec la démarche des maisons et porte la même interrogation sur le surgissement de la forme mais cette fois-ci en dehors de tout système perspectif et grâce à l'iconographie choisie, à la fois en tant que pellicule de peinture mais aussi comme réel en sauvant une apparence de figuration. En effet, dans les dernières peintures, le ciel est à la fois image et espace de son apparition. Les toiles les plus récentes opèrent la fusion de l'objet lui-même et du champ de couleur qui en signalait l'énergie, et peuvent simultanément se révéler signe lisible et image énigmatique.

Le travail de Christophe Cuzin pose la question d'une réalité de la peinture. À la suite des recherches modernes autour de l'abstraction, il refuse que le tableau soit une transposition, refus perceptible dans le choix de l'abstraction. En 1986, Cuzin établit les lois qui vont gouverner la réalisation de toutes ses peintures jusqu'en 1990 : format, largeur du tracé, positionnement de celui-ci par rapport au bord du châssis, choix d'une couleur et présence de gris dans les couleurs. La peinture est un système clos sur lui-même dont chaque élément est relié aux autres et peut être énuméré : dimension, présence d'un dessin, valeurs, matité de la surface. Seules échappent à cette liste la couleur choisie et le tremblement du tracé fait à main levée. La disparition du tableau en 1990 naît du principe d'économie, économie du redoublement du support de la toile par rapport au mur sur lequel elle est posée, économie d'une fabrication dont les objets demeurent sans affectation immédiate s'ils ne sont pas exposés, économie d'une organisation où les pinceaux, la couleur fine viennent redoubler le rouleau, les couleurs industrielles du peintre en bâtiment.

Pour Bruno Carbonnet et Christophe Cuzin, peindre engage une responsabilité qui interdit de se cantonner dans le formalisme. Dans l'art occidental, tout le processus de création est engagé autour du faire mais aussi de la découverte. La personnalité de l'artiste s'exprime dans la mythologie d'une création individuelle. Celle-ci prévaut au début du XIXe siècle évacuant les traditions, tant de l'anonymat des ateliers, vision idyllique du Moyen Age, que de la tradition de l'image divine, projection du visage divin ou portrait de la Vierge par Saint-Luc, où le pouvoir de la représentation se confond avec l'énigme de son origine. Cette nécessité de l'ego est mise à distance par l'un comme par l'autre. La représentation de la surprise est de celles qui hantent les emprunts à la mythologie païenne (Diane surprise) comme à l'iconographie religieuse de la révélation (appel de la vocation, miracle). Elle exprime le moment du regard et trouve un équivalent dans le mythe de l'apparition de l'image sur un support, le "plus" de présence qu'évoquent les artistes. Chez Cuzin, les jeux sur la lumière, les reflets posent la question de la source de la peinture qui n'est pas toujours là où la signale sa présence physique. Dans la couleur monochrome de Cuzin, comme chez Carbonnet dans le surgissement de la forme, posée sur un champ de couleur dans un premier temps puis faisant corps avec lui dans les ciels, les deux artistes ne cessent de mettre à l'épreuve le moment où, de surface inerte de plâtre ou de toile, la peinture devient une surface sensible, le contenant offert à la représentation comme à l'émotion de la reconnaissance du visible.

Christophe Cuzin

"2206011", 2001
contre-plaqué, placoplâtre,
verre et acrylique

"2206012", 2001
contre-plaqué, placoplâtre,
verre et acrylique

"2206013", 2001
contre-plaqué, placoplâtre,
verre et acrylique

Christophe Cuzin

"2206014", 2001
contre-plaqué, placoplâtre,
verre et acrylique

Bruno Carbonnet

Maison, 1989
huile sur toile
Collection de l'artiste

Bruno Carbonnet

Maison, 1988
huile sur toile
Collection de l'artiste

Maison, 1988
huile sur toile
Collection de l'artiste

Maison, 1989
huile sur toile
Collection particulière, Paris

Bruno Carbonnet
(de droite à gauche)

Maison, 1987
huile sur toile
Collection de l'artiste

Sans titre, 1987 x 4
huile sur toile
Collection du FRAC
Champagne-Ardenne, Reims

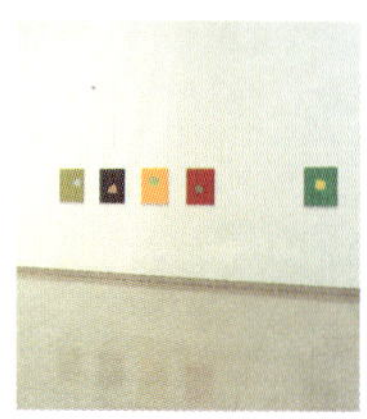

Bruno Carbonnet

Masse, 1993-1994
huile sur toile
Collection de l'artiste

Chute des images, 1994
huile sur toile
Collection de l'artiste

Christophe Cuzin

"2206015", 2001
contre-plaqué, placoplâtre,
verre et acrylique

Christophe Cuzin

"2106011", 2001
contre-plaqué, placoplâtre,
verre et acrylique

Bruno Carbonnet

Jérusalem céleste, 1994
huile sur toile
Fonds national d'art
contemporain, Paris

Tournesol, 1998
huile sur toile
Collection particulière,
Ajaccio

Fleur 5, 1998
huile sur toile
Fonds national d'art
contemporain, Paris

Christophe Cuzin

"2006011", 2001
contre-plaqué,
placoplâtre, acrylique

Bruno Carbonnet

Tournesol, 1998
huile sur toile
Collection particulière, Paris

Tournesol, 1998
huile sur toile
Collection de l'artiste

Tournesol, 1998
huile sur toile
Collection de l'artiste

Bruno Carbonnet

Tournesol, 1998
huile sur toile
Collection particulière,
Ajaccio

Fleur 5, 1998
huile sur toile
Fonds national d'art
contemporain, Paris

Christophe Cuzin

"2106014", 2001
fer, vynil tendu Newmat

Christophe Cuzin

"2206013", 2001
contre-plaqué, placoplâtre,
verre et acrylique

Christophe Cuzin

"2206011", 2001
contre-plaqué, placoplâtre,
verre et acrylique

Bruno Carbonnet

Ciel, 2000-2001 x 10
Huile sur toile
Collection du FRAC Haute-
Normandie, Sotteville-lès-
Rouen;
coll. particulière, Ajaccio;
collection de l'artiste

Bruno Carbonnet

Ciel, 2001
huile sur toile
Collection de l'artiste

Ciel, 2001
huile sur toile
Collection de l'artiste

The ambition of painting

Françoise Cohen

Translation : John Doherty

This exhibition takes into account the modern architectural style embodied in a group of six rooms based on a module of 5 x 7 metres, lined up symmetrically on either side of a central atrium. The installation, as a joint project by the two artists, is predicated on concepts of colour and light. It starts out from a particular presupposition, namely that of the work, and the presence of the latter as the basis for an immediate perceptive experience which takes place in this same location, and which has no foundation apart from the work itself.

What Bruno Carbonnet and Christophe Cuzin have distilled from the modern experience is a belief that there is a truth in the work which legitimises putting it on show. The history of painting since the middle of the 19th century, though the terms in which it is described may differ, is generally regarded as a set of sequences in which the pictorial treatment takes precedence over the subject. The invention of abstraction in 1910 provided a platform for assertions about the autonomy of the work, which could find no references or legitimation other than in itself, though indeed the initial decades of abstraction were accompanied by a form of justification which, in Kandinsky's case, was represented by the symbolism of colours, and, in that of Mondrian and Malevich, by a spiritual "out of field" standpoint. After the second world war, the monochrome proclaimed painting as a raw fact which did away with any possibility of analysing the work's complex internal relations (between format, drawing style and brush stroke, for example) but which could also be accompanied, as could abstraction in general, by a quest for meaning outside itself.

Carbonnet and Cuzin both start out from a specific datum: the painted surface. Here we are not a long way from the tabula rasa of modernism, except for the fact that the two artists, far from taking this datum as their point of departure for the creation of an artistic stance that would establish a style and prove to be of long-lasting influence – in houses, for Carbonnet, and in paintings for Cuzin – draw on experiences that are external to this form of painting, thus bringing into play, in the one case, the symbolism of the image and of classical painting, and, in the other, the experience of the house-painter, as a means to change the course of this otherwise-predictable trajectory.

The autonomy of the painting was clearly disputed by Christophe Cuzin when, in the context of a commission for the medieval refectory of Caen town hall, in 2000, he turned previously-painted pictures into carpets that covered the entire floor surface. These pictures thereby took on an identity as variations on a single creative principle. And the choice of a decorative art technique (which is traditionally considered as being subject to the external contingencies imposed by the commissioning body's terms of reference, involving such factors as dimensions and colour harmonies) brought form down to the level of a motif.

Carbonnet and Cuzin are exact contemporaries, having been born in 1957 and 1956 respectively. They began painting at the start of the 1980s, which means that they have some twenty years of artistic creation behind them. But their routes have differed: Cuzin gave up the autonomous picture in 1990, and since then all his work has been deduced from, or conditioned by, the architecture of the place of presentation, while Carbonnet's work has developed as a set of series: the Maisons ("Houses"), the vessels, the Body Traps, the objects, the sunflowers and the skies. There was also a break in Carbonnet's work, with a three-month trip to India in 1992-1993, where geographical distance, and in particular from the art world, acted as an incentive to the acceptance of mimetic representation in the work of art. Although this would not appear to be among the most crucial features of his activity, it has at the same time given the public a more direct contact with painting, and has reinforced the effectiveness of this contact.

Bruno Carbonnet and Christophe Cuzin have both used commissions to experiment with the confrontation between the work itself and an external code whose stipulations do not however, in either case, isolate such projects from the rest of the artist's work. For Carbonnet, there was an illustration of the celestial Jerusalem in the Livre de L'Apocalypse ("The book of the Apocalypse"), 1995; and for Cuzin there was the colour scheme of the church in Lognes, 2000, where the forms that unified the stained glass meticulously followed the precepts of doctrine; but there was also, in 1992, the programme laid out in the "Nouveaux Commanditaires" operation, centred around regular meetings between an artist (Carbonnet) and a person undergoing detoxification treatment. The aim, in this case, was not so much the production of a work as the verification of an ability to transcribe. Painting is defined, for both artists, in terms of a desire to create a signifying situation represented by the sort of silence that Cuzin has talked about in relation to his Lognes commission, in the freedom given to subjectively-chosen colour, and in the awareness that, even in concealment, a form of expression and personal commitment can be achieved through producing a perfect area of colour. And this may also be Carbonnet's objective in adopting an iconography with an outmoded look about it: that of skies, between the materiality of the atmospheric passage and diffuse spirituality. Other artists have espoused a similar iconography: Gerhard Richter, with clouds; Vija Celmins and Thomas Ruff, with oceans and starry skies. These are the works which, with the possible exception of Miguel Barcelo's deserts, have made the strongest references to images (press and publicity photographs) rather than space. Nothing in Carbonnet's skies puts itself forward as one of the alternatives in the dialogue between the "artistic" image and its trivial copy. They set up a fault line where the spectator is alone in front of the picture, in a duality that is reinforced by the format chosen for these high, vertical paintings and their allusions to human stature.
The experience of painting conjured up by Christophe Cuzin's installations is different. The spectator does not interpret the painting in a frontal way; rather, he enters into the heart of a system which involves the totality of the surrounding space, and which, in response to its constraints, remodels a locality according to a new energy whose main vector is light. This was the case, for

example, with Cuzin's first installation, Contre-jour ("Backlight"), at Bernard Jordan's gallery in 1990, when he closed up all the windows so that only a faint peripheral glow was allowed in, or when he filled up the space with E-shaped volumes whose colours were reflected by the walls of the gallery.

Abstraction opened up a new chapter in the relationship between painting and architecture, whether or not it is assumed to have signed the death warrant of the painted canvas, as Mondrian's neoplasticism would have had it, thus turning painting into architecture in two dimensions. The painting no longer exists as an autonomous object, for Cuzin; but the fact remains that painting as a form of expression, in his work – as an interpretation of space and the characteristics of the exhibition site – gives up nothing of its otherness in relation to architecture. This view of painting, though it has something in common with the way in which the installation came into being in the 1970s, in terms of the impermanence of the latter, and its dependence on the characteristics of the place in which it is shown, does not share in the fragmentary nature of numerous contemporary installations, but rather preserves the unity of the picture and its main surface property: that of covering a backing support with a coloured field. Christophe Cuzin's work, even when it directly comments on architecture (as, for example, when each of the walls of the Jordan gallery had a replica of itself, reduced in size by 20.6%, placed against it), is always of the order of painting. Shorn of architecture and its "imperfections" (skirting boards, light switches, etc.), and the cadence of windows, it sets forth an abstract form that transforms the place into something other – a place of pure, sensitive appreciation, where colour dominates structure, and where geometry and the blurred nature of light, or the "badly done", go hand in hand, along with architecture itself and its double, drawn with a chalk line.

The multiplication of images in daily life, but also the recognition of photography and video as artistic media in the 1970s, in the "poor" form of reports of actions (land art, body art, conceptual art), and, in the 1980s, as large print runs of cibachromes in formats close to those of painting, put the "subject", and iconography in general, to the tests of collage, staging and re-use procedures, in a form close to that of the ready-made.
This is one of the extremities with which any painted production must come into collision in the course of an individual exploration that nothing can henceforth identify with any movement whatever. The warrant of its legitimacy is couched in the artist's approach alone, and in the reality of the work as such. Bruno Carbonnet's painting, which has a "figurative" feel to it, is organised around the notions of image and object. 43, rue La Bruyère, one of his first works dating from 1980, gave him the means to carry out a transformation of reality, in this case the female body, based on Dürer's Draughtsman drawing a reclining nude (1527), in an image using the perspective system. The series of houses uses a simple image, almost a pictogram, of the cubic form of the house seen in perspective. The subsequent sequences, with the exception of the vessels and the "body traps", interrogate reality directly. The period between 1989 and 1993 was one of research on the enigmatic object, carried out in two phases. The first of these, the series of vessels, was based on a vacillation between the full and the empty, or volumes and their retractions, in almost-geometrical forms, using a "clean" line (as in comic strips) that gave painting a false appearance of innocence, while the second, "dirty" phase fulfilled a desire to get back to thickness, and to move painting away from questions about representation, allowing it to stake its claim as a body standing face to face with the spectator. Changes then occurred in the colour scale, in the origin of the image created from anatomical details, and in the choice of tools, with the return of the

brush, which led to a superimposition of layers and the creation of a coloured epidermis out of the fragments produced by the brush strokes. The journey to India restored a relationship to the object as a vehicle for allegorical meaning, but one which did even more to give back to painting its place as an equivalent to the real – a genuine search for realism – not in terms of a similarity to external appearances but as a capture of the energy inflows that make up life itself.
Throughout the history of painting, one of its temptations, as a form of visual art, has been to make sense-experience tactile through an illusionist treatment of materials; and this has been the state of affairs since the start of oil painting, when an alternative to the Italian manner was put forward by the Van Eyck brothers and the northern European schools. Painting can be the forum for a dialogue between hand and tool, as shown by Cuzin's interest in the use of rollers, or the procedure perfected by Carbonnet in the Maisons series. This initial research work, which was based on a generic image, conformed to a strict production rule, i.e. that a given work should be painted in a single day. Colour applied with a finger to the surfaces of a house blended into coloured fields applied with a roller, thus creating a radiance of colour whose spatial effect obliterated the geometrical depth created by the drawn line. It was a strategy of coverage in which touch replaced brush strokes. In 1993, Cuzin began representing objects one could hold in one's hand – sledgehammers, knives, flowers – at a time when a certain energy was being transmitted through the movement and touch of the brush. The "badly painted" with which Cuzin experimented for the first time at La Vigie in Nîmes gave a glimpse of a gesture which, having been blotted out within broad areas of pigment, was then replaced by the density of the colour.

For Christophe Cuzin, every project materialises in three phases: graphical representations of the site, and descriptions of the action to be performed; the production process itself; graphics of the action actually carried out. The description of the project is the ultimate verification, not of its material feasibility but of the fact that it is capable of being received, and perceived, by the spectator. It contains what corresponds to the work of the studio, and prepares the visibility of the latter. In this, it plays a role identical to that of the image in Bruno Carbonnet's painting, which, since 1992, while sometimes shot through with allegorical meaning (in Jérusalem céleste, for example), has accentuated the presence of an oeuvre whose essential aim was never that of mimetic representation. A return to the immediately-recognisable figured image does not speak only of the distance between the artist and the avant-garde; it is also at the heart of a method that is made up of successive touches and layers, as can be seen in photographs of work in progress. Whereas the Maisons, and still more so the Body Traps, were put together out of enigmatic, difficult images, the rediscovery of the immediate legibility of the object in 1993, like the description inherent in Christophe Cuzin's actions, anticipated the exhibition process, and validated the existence of the work.

Since 1996, Bruno Carbonnet has been painting skies – a type of image which approaches the monochrome. Denys Riout, in his essay La Peinture monochrome, Histoire et archéologie d'un genre ("Monochrome painting, history and archaeology of a genre"), taking as an example the numerous caricatures of the Salon that were published in the satirical press during the last twenty years of the nineteenth century, points out that they included a large number of incomplete, "badly framed" landscapes, where only a part of the sky appeared. It was as though they were a prefiguration of abstraction. The humour of the contemporary commentary resulted from the contrast between the public's perception of the artist's clumsiness and the deliberate choice of this clumsiness, which at the time was judged to be aberrant. In this way, some light is thrown on the "limited" character of a motif that might encompass any given type of interrogation concerning the appearance of the image. The sky has always appeared in paintings as a measure of space (either symbolic or real), whether as an evocation of religion or as that of an atmospheric reality. An alternative to geometrical perspective was configured around its presence, namely aerial perspective. Landscape is constructed around the level of the horizon. Carbonnet's sky series connects up with the approach adopted in the houses, and expresses the same questions about the advent of form – but this time outside the perspective system, and as a result of the chosen iconography, both as a skin of paint and as reality itself, preserving an appearance of figuration. The sky, in effect, in his most recent paintings, is at once the image and the space of its own appearance. These canvases bring about a fusion of the object itself with the colour field which acts as an index of its energy, while simultaneously revealing themselves as legible signs and enigmatic images.

Christophe Cuzin's work poses the question of a certain reality of painting. Following modern research on abstraction, it rejects the idea of painting as a form of transposition. And the choice of abstraction expresses this refusal. In 1986, Cuzin formulated the laws which were to govern the production of all his paintings from then up to 1990: format, breadth of line, the positioning of the line in relation to the edge of the frame, the choice of colour and the presence of grey among the colours. Painting as a system is closed in on itself. Each of its elements is linked to the others, and they can be enumerated: dimensions, the presence of drawing, values, and the mattness of the surface. The only exceptions to this list are the colour chosen and the unevenness of the free-hand line. The disappearance of the painting in 1990 was entailed by the application of a principle of economy which resulted in the abandonment of processes such as the duplication of the substrate in relation to the wall on which it was hung, along with a type of production process whose objects could have no immediate purpose unless and until they were exhibited, and a form of organisation in which brushes and fine colours duplicated the rollers and industrial colours used by house-painters.

For Bruno Carbonnet and Christophe Cuzin, painting implies a responsibility which precludes any idea of confining oneself within formalism. In Western art, the whole process of creation is committed to doing, but also to discovery. The artist's personality is expressed in the mythology of individual creation, which was prevalent at the start of the 19th century and drove out the tradition of studio anonymity, with its idyllic vision of the middle ages, and along with it that of the divine image as a projection of the divine face, or Saint Luke's portrait of the Virgin, where the power of representation was bound up with the enigma of origins. This necessity of the ego is placed at arm's length by both artists. The representation of surprise is one of those which haunt borrowings from pagan mythology (Diana surprised), and also the religious iconography of revelation (the appeal of a vocation, the miracle). It expresses the moment of perception, and finds its counterpart in the myth of the appearance of the image on a material support, as the "extra" share of presence that artists ponder over. With Cuzin, games of light and reflection bring up questions about the real source of painting, which is not always to be found at the place where its physical presence would lead one to expect it. In Cuzin's monochrome colour, as in Carbonnet's work on the epiphany of form (placed on a colour field to begin with, and then, in the skies, assimilated into it), there is a constant sounding-out of the moment when a painting is transformed from an inert plane of plaster or canvas into a sensitive surface whose containing character is given up to representation, and to the emotion that accompanies the recognition of the visible.

CHRISTOPHE
CUZIN

FAIRE DES TROUS DANS LE MUR COMME ON ACCROCHE UN TABLEAU

OUVRIR
UNE GRANDE BAIE
ENTRE DEUX SALLES

FAIRE UN FAUX PLAFON AU DESSUS DES PORTES

DESSINER SUR UN MUR
CE MEME MUR EN PLUS
PETIT

«ATELIERS 88» MUSEE D'ART MODERNE DE LA VILLE DE PARIS 88 - GALERIE BERNARD JORDAN PARIS 90* - GALERIE BERNARD JORDAN PARIS 91* - «SPINNAKERS» FORT LAUDERDALE FLORIDE U.S.A. & CITE DES SCIENCES PARIS 91* - GALERIE BERNARD JORDAN PARIS 93* - MUSEE DES BEAUX ARTS DE CHARTRES 93 - LA MANUFACTURE LE MANS 95* - EGLISE SAINT PIERRE DE MARNANS (38) 95* - GALERIE MICHEL VOISIN BIOT (06) 95* - GALERIE DE L'ESPLANADE ECOLE DES BEAUX ARTS DE METZ 96* - GALERIE BERNARD JORDAN PARIS 97* - «ABSTRACTION PROVISOIRE» MUSEE D'ART MODERNE DE SAINT ETIENNE 97 - «CORPS DECORS» KUNSTRAUM D'INNSBRUCK 97 - MAISON D'ART CONTEMPORAIN CHAILLOUX FRESNES 97 - GALERIE DE L'ECOLE DES BEAUX ARTS DE VALENCE 97* - GALERIE WAZOO AMIENS 97* - LA FLECHE D'OR CAFE PARIS 97* - MUSEE D'ART ET D'HISTOIRE DE BELFORT 97* - ECOLE D'ART DE BELFORT 97* - GALERIE BERNARD JORDAN PARIS 98* - «OR PAIRE RENCONTRE N° 12» LA VIGIE NIMES 98 - CENTRE D'ART CONTEMPORAIN DE LA FERME DU BUISSON NOISIEL 98* - ESPACE CHAMPAGNE ECOLE D'ART ET DE DESIGN DE REIMS 99* - GALERIE LE LINEAIRE ROMANS (26) 99* - «DEMEURES» MUSEE ZADKINE PARIS 99 - PETITE GALERIE DE L'ECOLE DES BEAUX ARTS DE ROUEN 99* - «PINTURA» F.R.A.C. AUVERGNE CLERMONT FERRAND 00 - EGLISE SAINT MARTIN (COMMANDE PUBLIQUE) LOGNES 00* - «MUR-SOL-PLAFOND» ARTOTHEQUE DE CAEN 00* - «MUR-SOL-PLAFOND» F.R.A.C. BASSE NORMANDIE CAEN 00* - «MUR-SOL-PLAFOND» (COMMANDE PUBLIQUE) MAIRIE DE CAEN 00* - GALERIE BERNARD JORDAN PARIS 00* - MAIRIE (COMMANDE PUBLIQUE) DE CROISSY SUR SEINE 01* - GALERIE MIRE GENEVE 01* - «LIEU COMMUN» INSTITUT FRANCAIS DE BREME 01*

* EXPOSITIONS PERSONNELLES

Nous tenons à remercier Bruno Carbonnet et Christophe Cuzin
pour la qualité de leur dialogue et leur engagement dans ce projet.

Que tous ceux qui, à des titres divers, ont prêté leur concours à sa réalisation
trouvent ici l'expression de notre reconnaissance :
Madame Caroline Smulders, Paris
FRAC Alsace, Sélestat
FRAC Champagne-Ardenne, Reims
FRAC Haute-Normandie, Sotteville-lès-Rouen
FRAC Ile-de-France
FRAC Languedoc-Roussillon, Montpellier
Fonds national d'Art contemporain, Puteaux
Galerie Bernard Jordan, Paris
Shearman et Sterling, Paris

ainsi que tous les collectionneurs qui ont préféré garder l'anonymat.

Commissariat de l'exposition : Françoise Cohen
Administration : Brigitte Bancq, Florence Masson, José Santana
Réalisation technique : Bernard Sauzet, Jean-Louis Veux
Service culturel : Sophie Gauthier

Photogravure - Impression : Basic Color (30)